Buku Mewarna Untuk Dewasa Vol. 1

40 Corak Melegakan Tekanan Dan Santai

Siri Buku Mewarna Dewasa Mengikut

www.ColoringCraze.com

ISBN-13: 978-83-67921-44-2
Edisi: 4

Uji Warna Anda Di Sini

Gabungkan Warna Anda Di Sini

CAMPUR

CAMPUR

CAMPUR

CAMPUR

CAMPUR

CAMPUR

CAMPUR

CAMPUR

CAMPUR

Uji Warna Anda Di Sini

Gabungkan Warna Anda Di Sini

CAMPUR   CAMPUR   CAMPUR

CAMPUR   CAMPUR   CAMPUR

CAMPUR   CAMPUR   CAMPUR

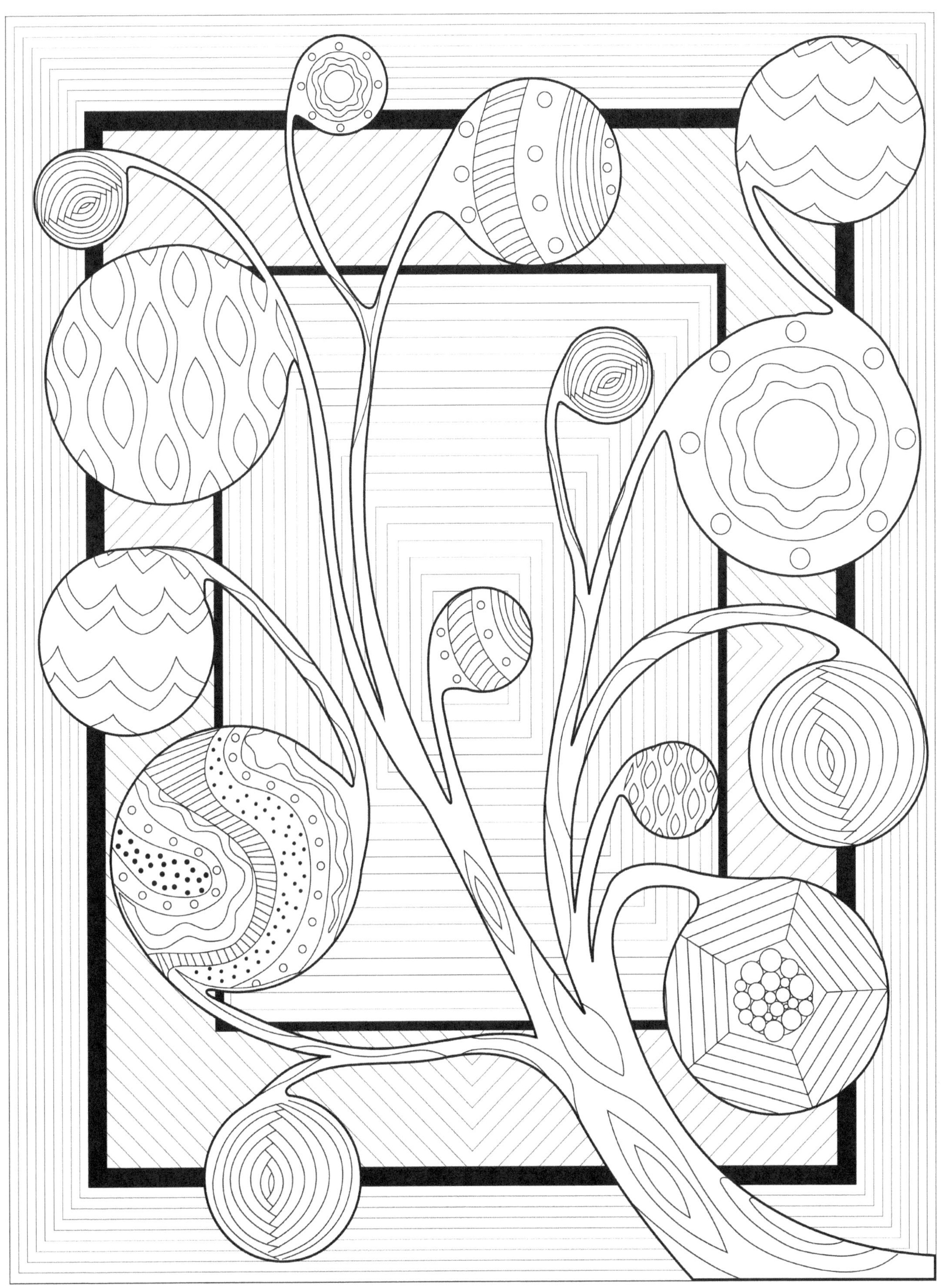

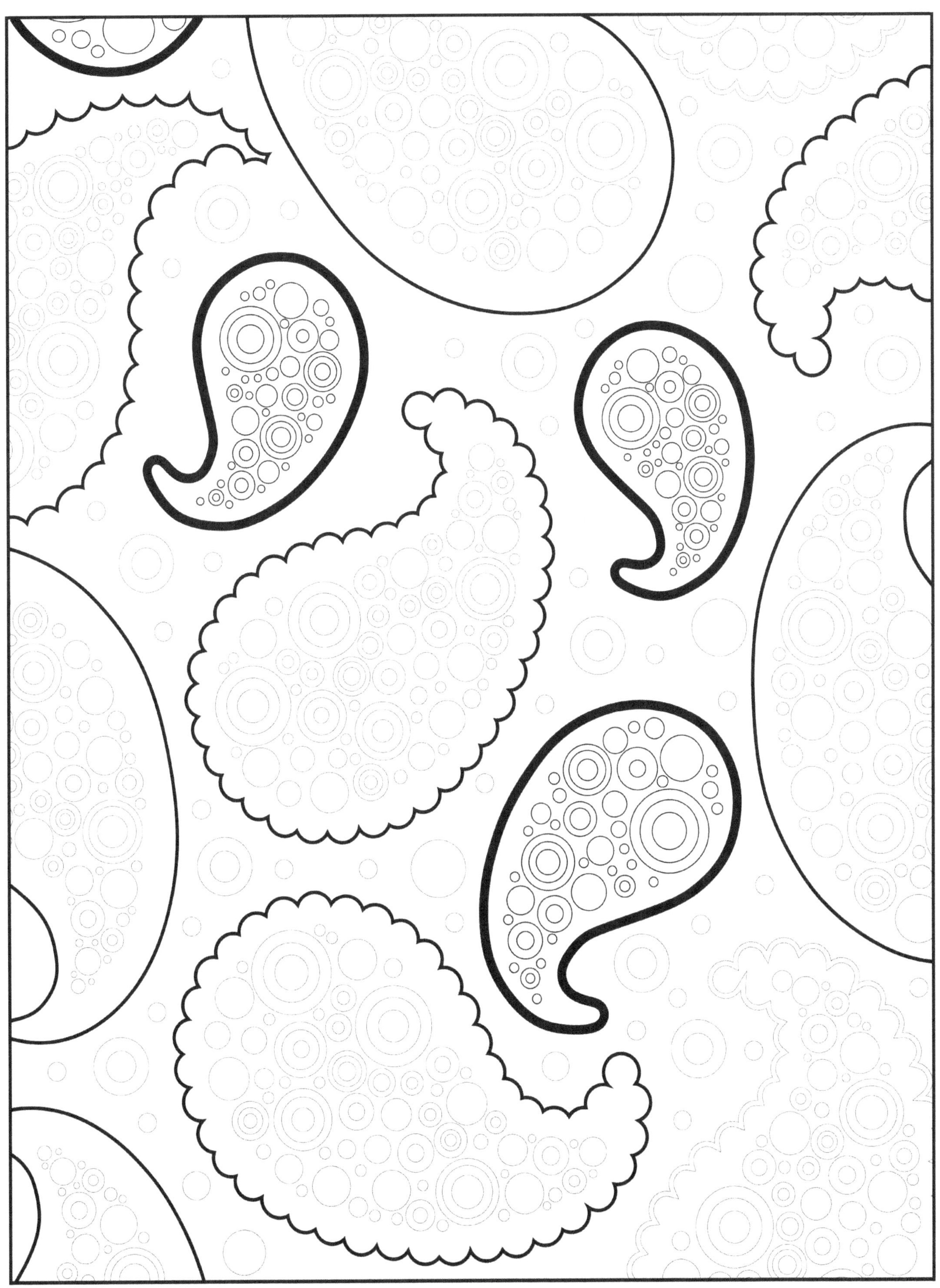

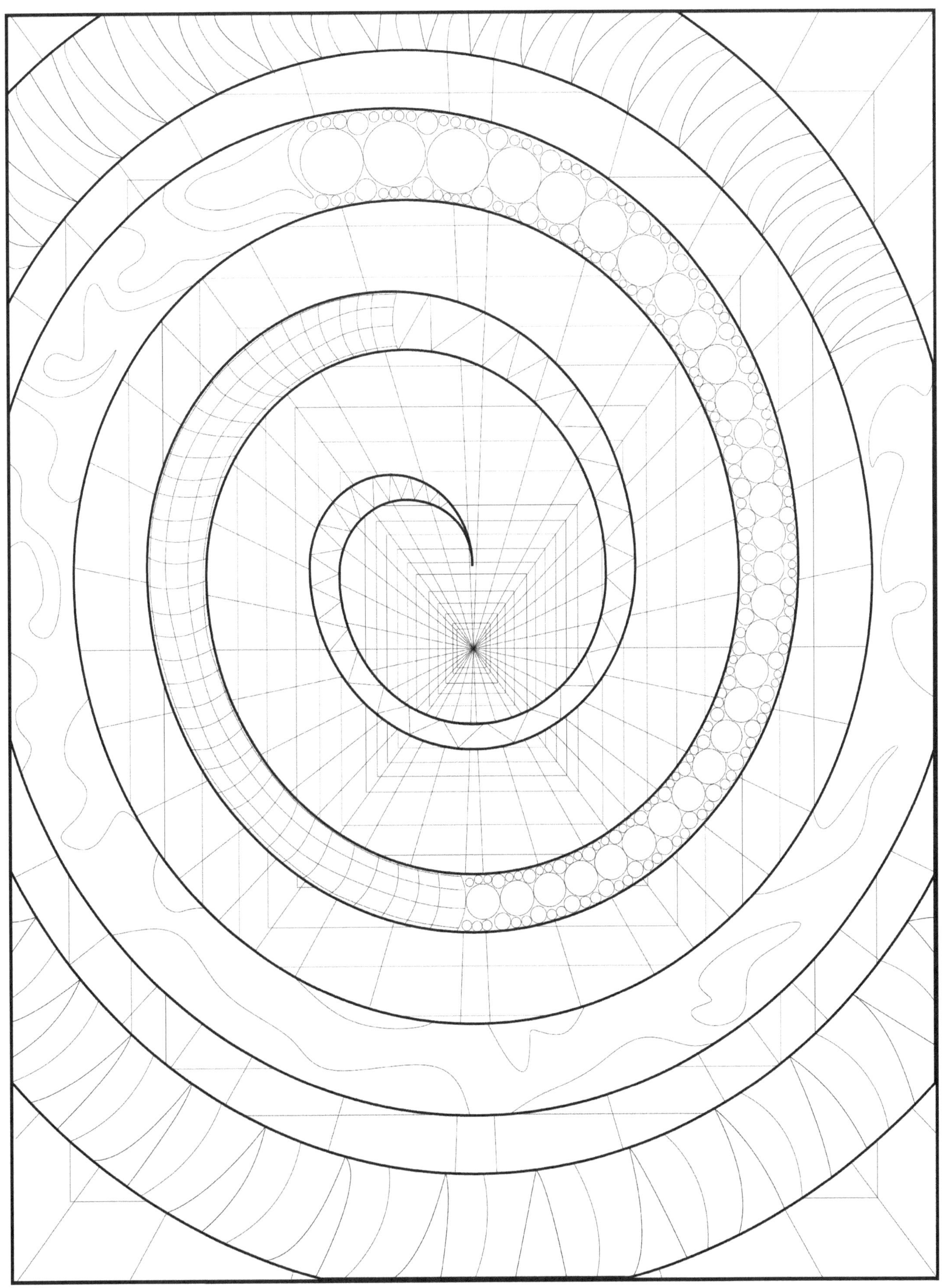

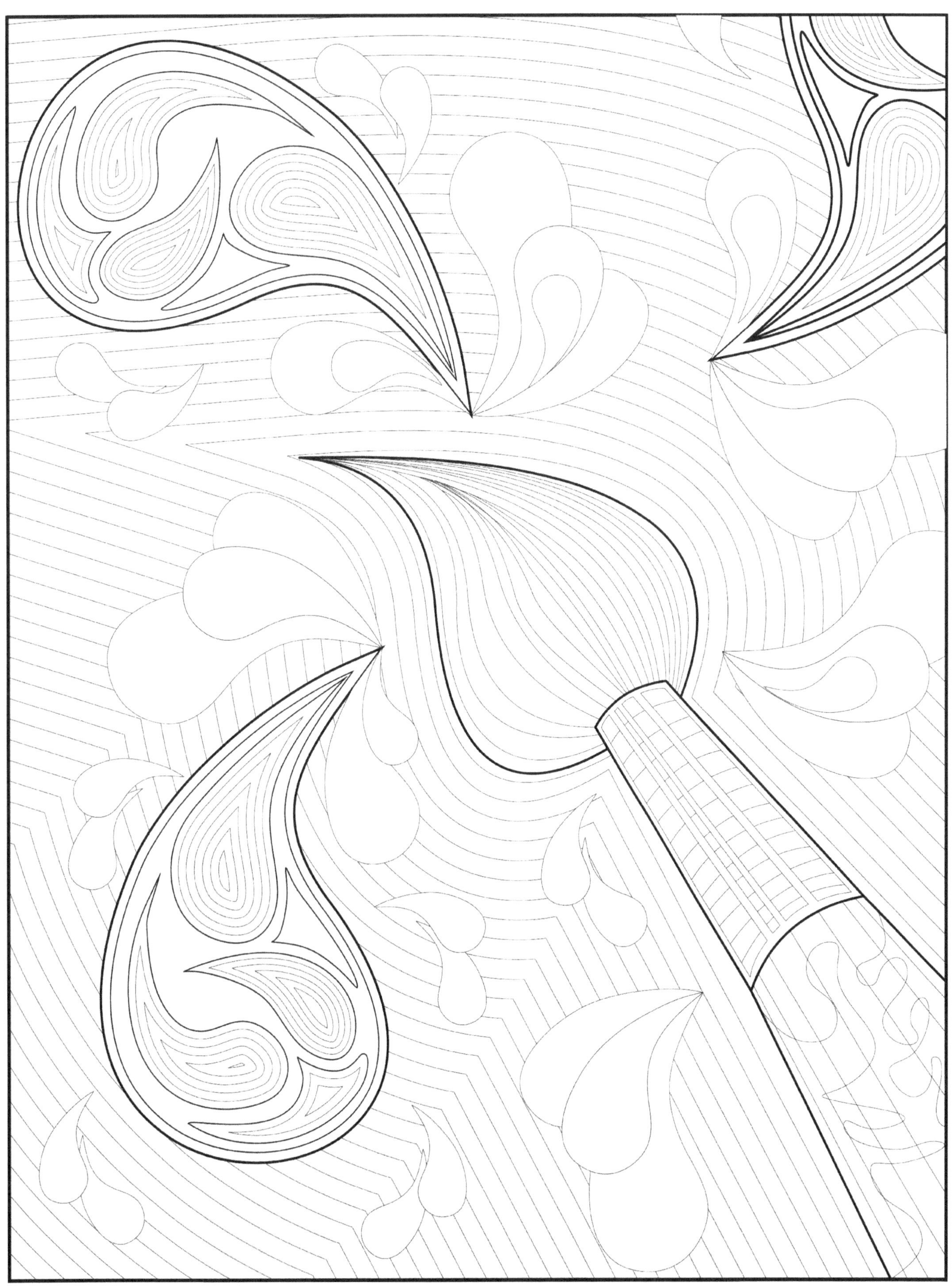

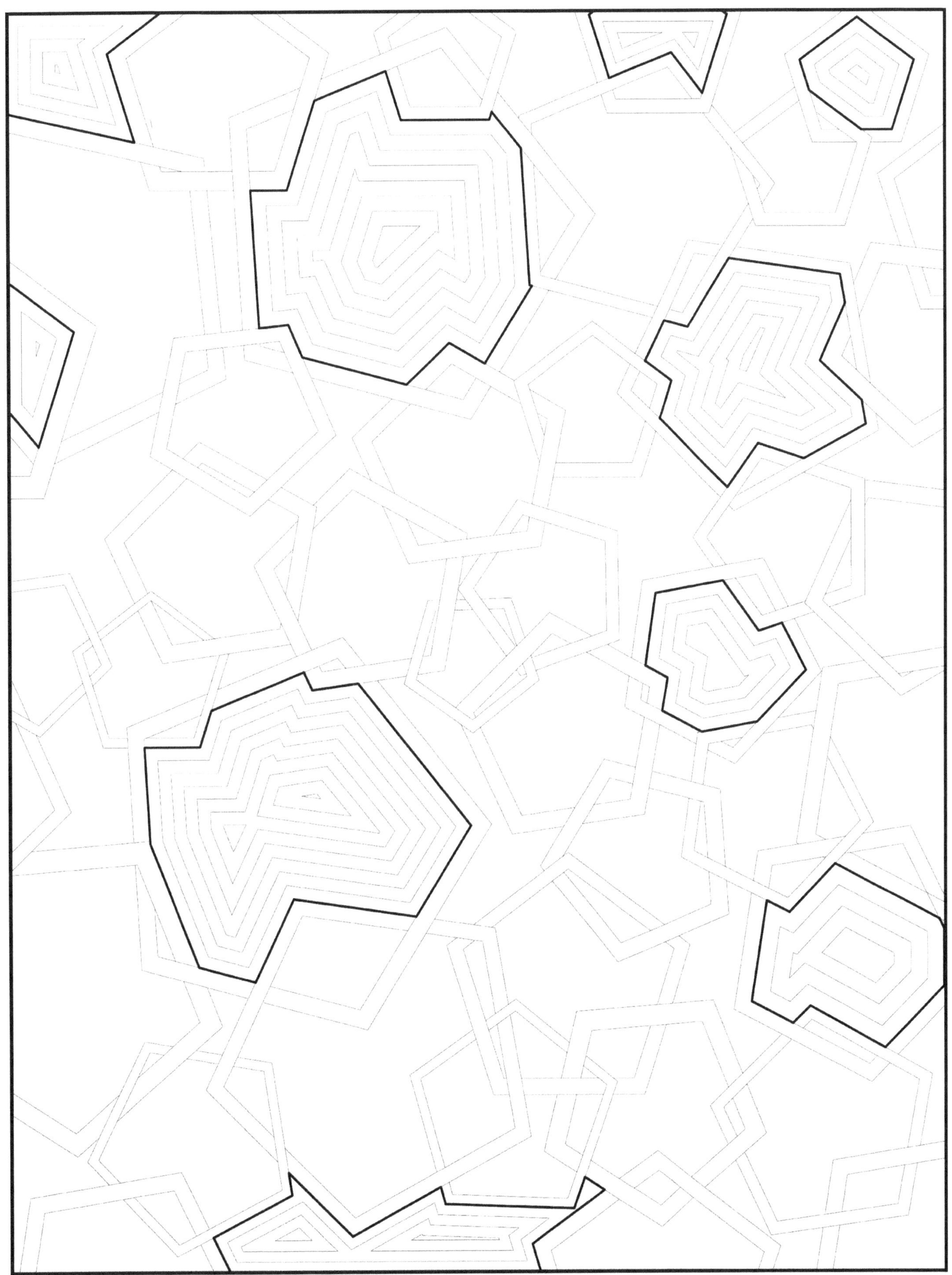

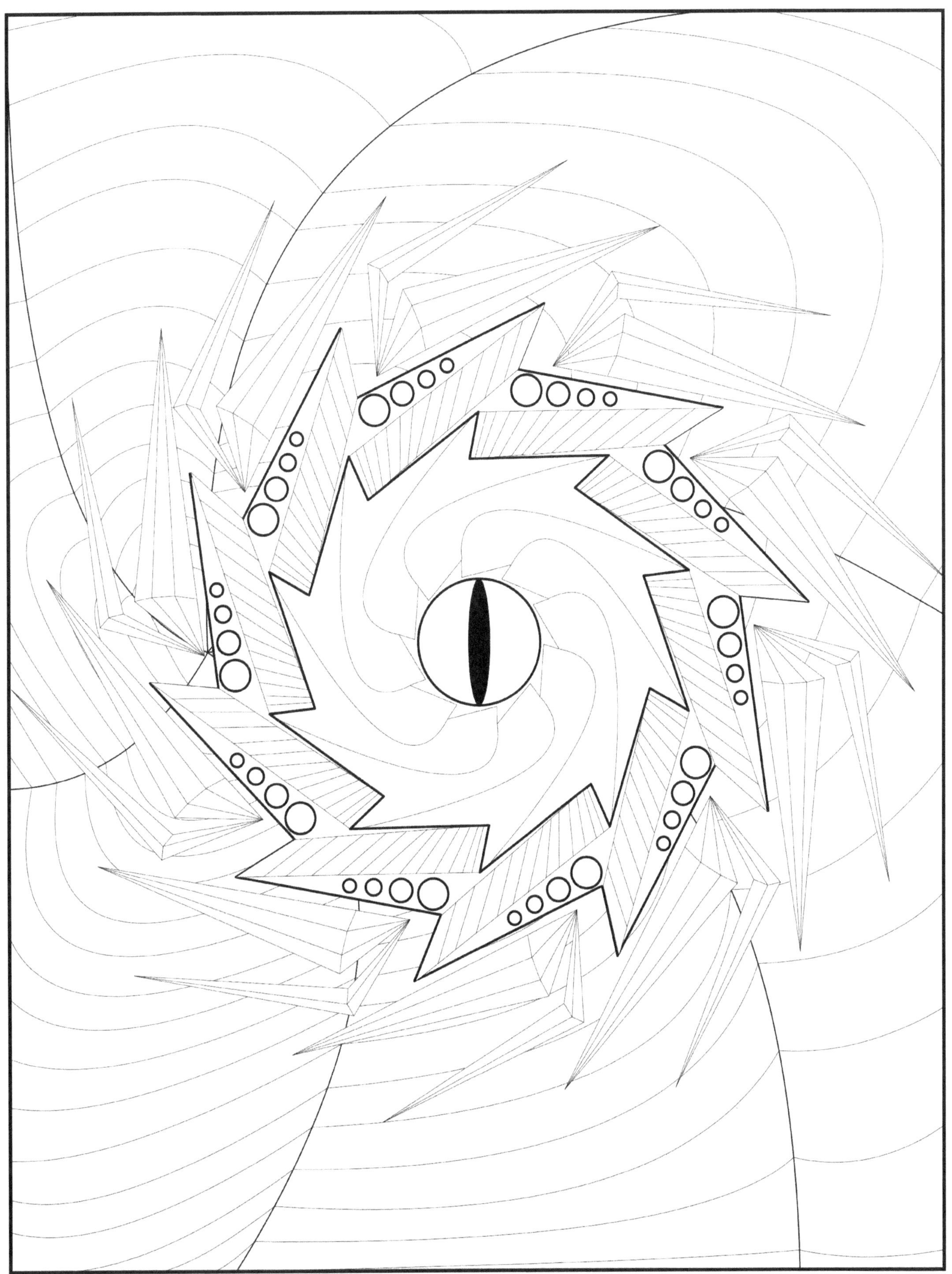

DARIPADA PENULIS

Terima kasih kerana mewarna buku kami!
Saya harap ia merelakskan dan saya harap anda bersuka ria dengannya.

Saya ingin meminta permintaan *kecil* daripada anda.
Ulasan buku sangat penting untuk peminat pewarna lain seperti anda.
Jika anda mempunyai satu minit, sila tinggalkan komen di bawah buku kami di sini:
www.coloringcraze.com/**ulas1**

Ia akan membantu pembeli membuat keputusan
dan maklum balas anda tidak ternilai kepada ilustrator kami ☺

Semua buku kami yang lain boleh didapati di sini: www.coloringcraze.com/**semua**

Terima kasih!